ASSOCIATION

DES PROPRIÉTAIRES D'APPAREILS A VAPEUR

du Nord de la France

Reconnue d'utilité publique par décret du 11 décembre 1879.

LOIS ET DÉCRETS

CONCERNANT

LES APPAREILS A VAPEUR

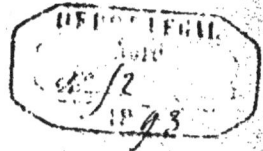

INSTRUCTIONS

sur les mesures de précautions habituelles à observer
dans l'emploi des appareils à vapeur.

LILLE,

IMPRIMERIE L. DANEL

1892.

ASSOCIATION

DES PROPRIÉTAIRES D'APPAREILS A VAPEUR

du Nord de la France

Reconnue d'utilité publique par décret du 11 décembre 1879.

———

LOIS ET DÉCRETS

CONCERNANT

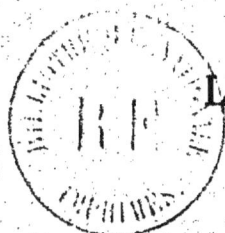

LES APPAREILS A VAPEUR

———

INSTRUCTIONS

sur les mesures de précautions habituelles à observer
dans l'emploi des appareils à vapeur.

———

LILLE,
IMPRIMERIE L. DANEL
1892.

C.

LOIS ET DÉCRETS

CONCERNANT

LES APPAREILS A VAPEUR.

←—•—❋—•—→

LOIS

CONCERNANT LES CONTRAVENTIONS AUX RÈGLEMENTS SUR LES APPAREILS ET BATEAUX A VAPEUR.

(21 JUILLET 1856)

———

NAPOLÉON, par la grâce de Dieu et la volonté nationale, Empereur des Français, à tous présents et à venir salut.

TITRE PREMIER.

Des contraventions relatives à la vente des appareils à vapeur.

Article 1er. — Est puni d'une amende de 100 à 1,000 francs, tout fabricant qui a livré une chaudière fermée, ou toute autre pièce destinée à produire de la vapeur, sans qu'elle ait été soumise aux épreuves exigées par les règlements d'administration publique.

Est puni de la même peine, le fabricant qui, après avoir fait dans ses ateliers des changements ou des réparations notables à une chaudière ou toute autre pièce destinée à produire de la vapeur, l'a rendue au propriétaire sans qu'elle ait été de nouveau soumise auxdites épreuves.

Art. 2. — Est puni d'une amende de 25 à 200 francs, tout fabricant qui a livré un cylindre ou pièce quelconque, destinée à contenir de la vapeur, sans que cette pièce ait été soumise aux épreuves prescrites par lesdits règlements.

TITRE II.

Des contraventions relatives à l'usage des appareils à vapeur établis ailleurs que sur les bateaux.

Art. 3. — Est puni d'une amende de 25 à 500 francs, quiconque a fait usage d'une machine ou chaudière à vapeur sur laquelle ne seraient pas appliqués les timbres constatant qu'elle a été soumise aux épreuves et vérifications prescrites par les règlements d'administration publique.

Est puni de la même peine, quiconque, après avoir fait faire à une chaudière ou partie de chaudière des changements ou réparations notables, a fait usage de la chaudière modifiée ou réparée, sans en avoir donné avis au préfet, ou sans qu'elle ait été soumise de nouveau, dans le cas où le préfet l'aurait ordonné, à la pression d'épreuve correspondante au nombre du timbre dont elle est frappée.

Art. 4. — Est puni d'une amende de 25 à 500 francs, quiconque a fait usage d'un appareil à vapeur sans être muni de l'autorisation exigée par les règlements d'administration publique.

L'amende est de 100 à 1,000 francs, si l'appareil à vapeur dont il a été fait usage sans autorisation, n'est pas revêtu des timbres mentionnés en l'article précédent.

Néanmoins, l'amende n'est pas encourue, si, dans le délai de deux mois pour les appareils à placer dans l'intérieur des établissements, et de trois mois pour les appareils placés en dehors, il n'a pas été statué par l'administration sur l'autorisation demandée.

Art. 5. — Celui qui continue à se servir d'un appareil à vapeur pour lequel l'autorisation a été retirée ou suspendue en vertu des règlements d'administration publique, est puni d'une amende de 100 à 2,000 francs, et peut être condamné, en outre, à un emprisonnement de trois jours à un mois.

Art. 6. — Quiconque fait usage d'un appareil à vapeur autorisé, sans s'être conformé aux prescriptions qui lui ont été imposées en vertu desdits règlements, en ce qui concerne les appareils de sûreté dont les chaudières doivent être pourvues et l'emplacement de ces chaudières, ou qui continue à en faire usage, alors que les appareils de sûreté et les dispositions de local ont cessé de satisfaire à ces prescriptions, est puni d'une amende de 25 à 200 francs.

Art. 7. — Le chauffeur ou mécanicien qui a fait fonctionner une machine ou chaudière à une pression supérieure au degré déterminé par l'acte d'autorisation, ou qui a surchargé les soupapes d'une chaudière, faussé ou paralysé les autres appareils de sûreté, est puni d'une amende de 25 à 500 francs, et peut être, en outre, condamné à un emprisonnement de trois jours à un mois.

Le propriétaire, le chef de l'entreprise, le directeur, le gérant ou le préposé par les ordres duquel a eu lieu la contravention prévue au présent article, est puni d'une amende de 100 à 2,000 francs, et peut être condamné à un emprisonnement de six jours à deux mois.

TITRE III.

Des contraventions relatives aux bateaux et aux appareils à vapeur placés sur ces bateaux.

. . . .

TITRE IV.

Dispositions générales.

Art. 19. — En cas de récidive, l'amende et la durée de l'emprisonnement peuvent être élevées au double du maximum porté dans les articles précédents.

Il y a récidive, lorsque le contrevenant a subi, dans les douze mois qui précèdent, une condamnation en vertu de la présente loi.

Art. 20. — Si les contraventions prévues dans les titres II et III de la présente loi ont occasionné des blessures, la peine sera de huit jours à six mois d'emprisonnement, et l'amende de 50 à 1,000 francs ; si elles ont occasionné la mort d'une ou plusieurs personnes, l'emprisonnement sera de six mois à cinq ans, et l'amende de 300 à 3,000 francs.

Art. 21. — Les contraventions prévues par la présente loi sont constatées par les ingénieurs des mines, les ingénieurs des ponts et chaussées, les gardes-mines, les conducteurs et autres employés des ponts et chaussées et des mines, commissionnés à cet effet, les maires et adjoints, les commissaires de police, et, en outre, pour les bateaux à vapeur, etc.

Art. 22. — Les procès-verbaux dressés en exécution de l'article précédent sont visés pour timbre et enregistrés en débet.

Ceux qui ont été dressés par les agents de surveillance et gardes assermentés, doivent, à peine de nullité, être affirmés dans les trois jours devant le juge de paix ou le maire, soit du lieu du délit, soit de la résidence de l'agent.

Lesdits procès-verbaux font foi jusqu'à preuve contraire.

Art. 23. — L'article 463 du Code pénal est applicable aux condamnations prononcées en exécution de la présente loi.

LOI

DU 30 AVRIL 1880 SUR LES APPAREILS A VAPEUR

RAPPORT

AU PRÉSIDENT DE LA RÉPUBLIQUE FRANÇAISE.

Paris, le 30 avril 1880.

MONSIEUR LE PRÉSIDENT,

Lorsqu'en 1865, le Gouvernement revisa le règlement auquel étaient soumises, depuis plus de vingt ans, les machines et chaudières à vapeur autres que celles placées à bord des bateaux, il se proposait de supprimer une partie de la tutelle administrative qui n'était plus en harmonie avec les progrès de la construction de ces appareils, le développement de leur emploi et l'instruction technique des ouvriers chargés de leur fonctionnement. Son but fut de dégager l'industrie d'entraves devenues inutiles, dans toute la mesure compatible avec les exigences de la sécurité publique. Mais cette mesure ne pouvait être que préjugée ; il appartenait à l'expérience seule de la fixer, et c'est ce qui explique le besoin de reviser à son tour le décret du 25 janvier 1865 et de le remplacer par le nouveau règlement que je viens soumettre à votre haute sanction.

En effet, une enquête, qui a été ouverte, à l'expiration de la période décennale, auprès de tous les ingénieurs chargés de la surveillance des appareils à vapeur, a montré l'utilité d'assujettir à des prescriptions administratives des récipients de vapeur, qui en sont complètement exonérés depuis 1865, et d'apporter en outre quelques modifications de détail aux dispositions en vigueur concernant les chaudières proprement dites. Les résultats de cette enquête ont été communiqués à la Commission centrale des machines à vapeur et au Conseil d'État, qui se sont appliqués à concilier dans une sage mesure les nécessités de la sécurité publique avec les exigences de l'industrie.

Rien n'a été changé aux conditions essentielles de l'épreuve des chaudières neuves ; mais le renouvellement de cette épreuve pourra être exigé dans d'autres cas que ceux de réparation notable, seuls admis par le décret de 1865, et ne devra jamais être retardé de plus de dix ans.

Antérieurement à ce décret, les ingénieurs pouvaient provoquer la réforme des chaudières qu'un long service ou une détérioration accidentelle leur faisait regarder comme dangereuses. La Commission centrale des machines à vapeur, sans doute préoccupée du rôle amoindri attribué à l'administration depuis 1865, avait exprimé le vœu que la faculté d'interdire l'usage d'un générateur réputé dangereux lui fut restitué. Le Conseil d'État n'a point été favorable à ce retour partiel à un régime abandonné ; j'ai pensé avec lui qu'une telle mesure, rarement applicable dans la pratique, ne serait pas suffisamment motivée par des faits qu'aurait révélés l'application du décret de 1865.

Le renouvellement obligatoire de l'épreuve tous les dix ans donnera d'ailleurs un nouveau gage à la sécurité publique.

En raison de cette innovation, il a paru convenable d'admettre des motifs de dispense quant aux épreuves réglementaires à exécuter entre temps à la suite des réparations, des déplacements ou des chômages prolongés des chaudières, et de tenir compte, à cet effet, de l'existence des associations de propriétaires d'appareils à vapeur, qui se sont formées depuis quelques années.

Ces associations, employant et rémunérant un personnel spécial, ont en vue d'assurer le meilleur fonctionnement possible des appareils, notamment en procédant à des visites intérieures et extérieures des générateurs à vapeur, en les examinant au double point de vue de la sécurité et de la réalisation d'économies de combustible. Il convient d'encourager ces pratiques salutaires et d'appeler les institutions de ce genre à prêter leur concours à l'administration. Déjà, le Gouvernement vient de reconnaître l'utilité publique de l'Association des Propriétaires d'Appareils à vapeur du Nord de la France. Je me propose, en portant le nouveau règlement à la connaissance des préfets et des ingénieurs des mines, de donner des instructions pour que, dans les régions industrielles où fonctionnent de telles associations, la surveillance officielle tienne compte dans une juste mesure des constatations faites par le personnel exerçant la surveillance officieuse dont il s'agit. Le renouvellement de l'épreuve réglementaire pourra, en conséquence, ne pas être exigé avant l'expiration de la période décennale, lorsque des renseignements authentiques sur l'époque et les résultats de la dernière visite intérieure et extérieure d'une chaudière constitueront des présomptions suffisantes en faveur de son bon état; et les ingénieurs des mines seront autorisés à considérer, à cet égard, comme probants les certificats délivrés aux membres des associations de propriétaires d'appareils à vapeur, par celles de ces associations que le ministre aura désignées.

Le classement des chaudières à demeure continuera à comprendre trois catégories, sous le rapport des conditions d'emplacement, ainsi que le prescrit le décret de 1865. La détermination de ces catégories aura lieu d'après une nouvelle base de calcul, que la Commission centrale des machines à vapeur a considérée comme plus rationnelle que la base actuelle, mais qui s'en écarte peu, et dont l'effet est de réduire légèrement, au point de vue du classement, l'importance de la pression maximum sous laquelle une chaudière est appelée à fonctionner, comparativement à son volume.

Les conditions d'emplacement demeureront, à très peu près, les mêmes qu'aujourd'hui pour les chaudières de la première catégorie, qu'il est permis d'établir à dix mètres de distance d'une maison d'habitation sans aucune disposition particulière.

Les chaudières de la deuxième catégorie ne peuvent être placées dans l'intérieur des ateliers que lorsque ceux-ci ne font pas partie d'une maison d'habitation. Il n'y aura plus d'exception pour les maisons réservées aux manufacturiers, à leurs familles, à leurs employés, ouvriers et serviteurs, comme l'admettait le décret de 1865. Le nouveau règlement supprime avec raison, sur ce point, une tolérance contraire à la sécurité publique.

Les chaudières de la troisième catégorie continuent à pouvoir être établies dans une maison quelconque.

La faculté précédemment reconnue aux tiers de renoncer à se prévaloir des conditions réglementaires cessera d'exister : il a paru à la Commission centrale des machines à vapeur et au Conseil d'État qu'elles ne pouvaient pas cesser d'être obligatoires, et je partage complètement cet avis.

De même, l'exécution de la disposition relative à la non-production de fumée par les foyers de chaudières à vapeur a paru au Conseil d'État de nature à donner lieu à des incertitudes de la part de l'administration et aussi de l'autorité judiciaire. J'ai considéré avec lui que les inconvénients de la fumée ne sont pas particuliers à l'emploi d'un appareil à vapeur, et ne touchent en rien à la sécurité, objet essentiel du décret dont il s'agit. Les contestations auxquelles la production de la fumée donnerait lieu appartiendront donc exclusivement au domaine judiciaire, qu'il s'agisse d'un foyer d'appareil à vapeur ou de tout autre foyer.

La plus importante innovation du nouveau règlement est, sans contredit, l'assujettissement des récipients de vapeur d'une certaine capacité à quelques mesures de sûreté. Omis dans l'ordonnance de

1843, ils avaient été assimilés aux générateurs en vertu d'une circulaire ministérielle de 1845, puis volontairement omis encore dans le décret de 1865. De nombreux accidents sont venus démontrer la nécessité de subordonner l'emploi de ces appareils à l'exécution de certaines prescriptions. En conséquence, la Commission centrale des machines à vapeur et le Conseil d'Etat ont été d'avis que les récipients d'un volume supérieur à 100 litres fussent soumis à l'épreuve officielle, munis dans certains cas d'une soupape de sûreté et assujettis à la déclaration. Un délai de six mois sera accordé pour l'exécution de ces mesures.

Elles seront applicables, non seulement aux cylindres sécheurs, chaudières à double fonds et appareils divers employés dans l'industrie, mais encore aux machines locomotives sans foyer et aux autres réservoirs dans lesquels est emmagasinée de l'eau à haute température, pour dégager de la vapeur ou de la chaleur.

Enfin, le décret de 1865 n'avait point reproduit la disposition de l'ordonnance de 1843, aux termes de laquelle l'administration avait la faculté de dispenser les chaudières présentant un mode particulier de construction, de l'application d'une partie des mesures de sûreté réglementaires pour les soumettre à des conditions spéciales.

Il se bornait à prévoir des cas de dispense, en ce qui touche le niveau du plan d'eau dans les générateurs dont la forme ou la faible dimension semblait exclure toute crainte de danger. Dorénavant, le ministre, après instruction locale et sur l'avis de la Commission centrale des machines à vapeur, pourra accorder toute dispense qui ne paraîtra pas de nature à entraîner des inconvénients.

Telles sont les principales modifications du règlement de 1865, concernant les chaudières à vapeur fixes ou locomobiles, les locomotives et les récipients, qui me paraissent devoir être adoptées dans l'intérêt commun des industriels et du public.

Je vous prie d'agréer, Monsieur le Président, l'assurance de mon profond respect.

Le Ministre des Travaux publics,
H. VARROY.

DÉCRET

DU 30 AVRIL 1880 SUR LES APPAREILS A VAPEUR.

Le Président de la République française,

Sur le rapport du Ministre des travaux publics,

Vu le décret du 25 janvier 1865, relatif aux chaudières à vapeur autres que celles qui sont placées sur des bateaux ;

Vu les avis de la Commission centrale des machines à vapeur ;

Le Conseil d'État entendu,

DÉCRÈTE:

Article 1er. — Sont soumis aux formalités et aux mesures prescrites par le présent règlement : 1° les générateurs de vapeur, autres que ceux qui sont placés à bord des bateaux ; 2° les récipients définis ci-après (titre V).

TITRE PREMIER.

Mesures de sûreté relatives aux chaudières placées à demeure.

Épreuve réglementaire. Art. 2. — Aucune chaudière neuve ne peut être mise en service qu'après avoir subi l'épreuve réglementaire ci-après définie. Cette épreuve doit être faite chez le constructeur et sur sa demande.

Toute chaudière venant de l'étranger est éprouvée avant sa mise en service, sur le point du territoire français désigné par le destinataire sur sa demande.

Renouvellement de l'épreuve réglementaire. Art. 3. — Le renouvellement de l'épreuve peut être exigé de celui qui fait usage d'une chaudière :

1° Lorsque la chaudière, ayant déjà servi, est l'objet d'une nouvelle installation ;

2° Lorsqu'elle a subi une réparation notable ;

3° Lorsqu'elle est remise en service après un chômage prolongé.

A cet effet, l'intéressé devra informer l'ingénieur des mines de ces diverses circonstances. En particulier, si l'épreuve exige la démolition du massif du fourneau ou l'enlèvement de l'enveloppe de la chaudière et un chômage plus ou moins prolongé, cette épreuve pourra ne point être exigée, lorsque des renseignements authentiques sur l'époque et les résultats de la dernière visite, intérieure et extérieure, constitueront une présomption suffisante en faveur du bon état de la chaudière. Pourront être notamment considérés comme renseignements probants, les certificats délivrés aux membres des associations de propriétaires d'appareils à vapeur par celles de ces associations que le ministre aura désignées.

Certificats délivrés par les Associations reconnues.

Le renouvellement de l'épreuve est exigible également lorsque, à raison des conditions dans lesquelles une chaudière fonctionne, il y a lieu, par l'ingénieur des mines, d'en suspecter la solidité.

Dans tous les cas, lorsque celui qui fait usage d'une chaudière contestera la nécessité d'une nouvelle épreuve, il sera, après une instruction où celui-ci sera entendu, statué par le Préfet.

Demande de l'épreuve réglementaire. En aucun cas, l'intervalle entre deux épreuves consécutives n'est supérieur à dix années. Avant l'expiration de ce délai, celui qui fait usage d'une chaudière à vapeur doit lui-même demander le renouvellement de l'épreuve.

Art. 4. — L'épreuve consiste à soumettre la chaudière à une pression hydraulique supérieure à la pression effective qui ne doit point être dépassée dans le service. Cette pression d'épreuve sera maintenue pendant le temps nécessaire à l'examen de la chaudière dont toutes les parties doivent pouvoir être visitées.

La surcharge d'épreuve par centimètre carré est égale à la pression effective, sans jamais être inférieure à un demi-kilogramme ni supérieure à 6 kilogrammes.

L'épreuve est faite sous la direction de l'ingénieur des mines et en sa présence, ou en cas d'empêchement, sous la présence du garde-mines opérant d'après ses instructions.

Elle n'est pas exigée pour l'ensemble d'une chaudière dont les diverses parties, éprouvées séparément, ne doivent être réunies que par des tuyaux placés, sur tout leur parcours, en dehors du foyer et des conduits de flammes, et dont les joints peuvent être facilement démontés.

Le chef de l'établissement où se fait l'épreuve fournit la main-d'œuvre et les appareils nécessaires à l'opération.

Timbre. Art. 5. — Après qu'une chaudière ou partie de chaudière a été éprouvée avec succès, il y est apposé un timbre, indiquant, en kilogrammes par centimètre carré, la pression effective que la vapeur ne doit pas dépasser.

Les timbres sont poinçonnés et reçoivent trois nombres indiquant le jour, le mois et l'année de l'épreuve.

Un de ces timbres est placé de manière à être toujours apparent après la mise en place de la chaudière.

Soupapes. Art. 6. — Chaque chaudière est munie de deux soupapes de sûreté, chargées de manière à laisser la vapeur s'écouler dès que sa pression effective atteint la limite maximum indiquée par le timbre réglementaire.

L'orifice de chacune des soupapes doit suffire à maintenir, celle-ci étant au besoin convenablement déchargée ou soulevée et quelle que soit l'activité du feu, la vapeur dans la chaudière à un degré de pression qui n'excède, pour aucun cas, la limite ci-dessus.

Le constructeur est libre de répartir, s'il le préfère, la section totale d'écoulement nécessaire des deux soupapes réglementaires entre un plus grand nombre de soupapes.

Manomètre. Art. 7. — Toute chaudière est munie d'un manomètre en bon état, placé en vue du chauffeur et gradué de manière à indiquer en kilogrammes la pression effective de la vapeur dans la chaudière.

Une marque très apparente indique sur l'échelle du manomètre la limite que la pression effective ne doit point dépasser.

La chaudière est munie d'un ajutage terminé par une bride de quatre centimètres ($0^m,04$) de diamètre et 5 millimètres ($0^m,005$) d'épaisseur disposée pour recevoir le manomètre vérificateur.

Clapets. Art. 8. — Chaque chaudière est munie d'un appareil de retenue, soupape ou clapet, fonctionnant automatiquement et placé au point d'insertion du tuyau d'alimentation qui lui est propre.

Robinets de vapeur. Art. 9. — Chaque chaudière est munie d'une soupape ou d'un robinet d'arrêt de vapeur, placé, autant que possible, à l'origine du tuyau de conduite de vapeur, sur la chaudière même.

Art. 10. — Toute paroi en contact par une de ses faces avec la flamme doit être baignée par l'eau sur la face opposée.

Niveau minimum. Le niveau de l'eau doit être maintenu, dans chaque chaudière, à une hauteur de marche telle qu'il soit, en toute circonstance, à six centimètres ($0^m,06$) au moins au-dessus du plan pour lequel la **Ligne de niveau** condition précédente cesserait d'être remplie. La position limite sera indiquée, d'une manière très apparente, au voisinage du tube de niveau mentionné à l'article suivant.

Les prescriptions énoncées au présent article ne s'appliquent point :

1° Aux surchauffeurs de vapeur distincts de la chaudière ;

2° A des surfaces relativement peu étendues et placées de manière à ne jamais rougir, même lorsque le feu est poussé à son maximum d'activité, telles que les tubes ou parties de cheminée qui traversent le réservoir de vapeur, en envoyant directement à la cheminée principale les produits de la combustion.

Indicateurs de niveau d'eau.

Art. 11. — Chaque chaudière est munie de deux appareils indi-cateurs du niveau de l'eau, indépendants l'un de l'autre, et placés en vue de l'ouvrier chargé de l'alimentation.

L'un de ces deux indicateurs est un tube en verre, disposé de manière à pouvoir être facilement nettoyé et remplacé au besoin.

Pour les chaudières verticales de grande hauteur, le tube en verre est remplacé par un appareil disposé de manière à reporter en vue de l'ouvrier chargé de l'alimentation l'indication du niveau de l'eau dans la chaudière.

TITRE II

Établissement des chaudières à vapeur placées à demeure.

Déclaration.

Art. 12. — Toute chaudière à vapeur destinée à être employée à demeure ne peut être mise en service qu'après une déclaration adressée par celui qui fait usage du générateur au préfet du départe-ment. Cette déclaration est enregistrée à sa date. Il en est donné acte. Elle est communiquée sans délai à l'ingénieur en chef des mines.

Art. 13. — La déclaration fait connaître avec précision :

1° Le nom et le domicile du vendeur de la chaudière ou l'origine de celle-ci ;

2° La commune et le lieu où elle est établie ;

3° La forme, la capacité et la surface de chauffe ;

4° Le numéro du timbre réglementaire ;

5° Un numéro distinctif de la chaudière, si l'établissement en possède plusieurs ;

6° Enfin, le genre d'industrie et l'usage auquel elle est destinée.

Catégories.

Art. 14. — Les chaudières sont divisées en trois catégories.

Cette classification est basée sur le produit de la multiplication du nombre exprimant en mètres cubes la capacité totale de la chaudière (avec ses bouilleurs et ses réchauffeurs alimentaires mais sans y comprendre les surchauffeurs de vapeur) par le nombre exprimant, en degrés centigrades, l'excès de la température de l'eau correspondant à la pression indiquée par le timbre réglementaire sur la température de 100 degrés, conformément à la table annexée au présent décret.

Chaudières en batterie. Si plusieurs chaudières doivent fonctionner ensemble dans un même emplacement et si elles ont entre elles une communication quelconque, directe ou indirecte, on prend, pour former le produit comme il vient d'être dit, la somme des capacités de ces chaudières.

Les chaudières sont de première catégorie quand le produit est plus grand que 200 ; de la deuxième, quand le produit n'excède pas 200, mais surpasse 50 ; de la troisième, si le produit n'excède pas 50.

Établissement d'une chaudière de 1ʳᵉ catégorie. Art. 15. — Les chaudières comprises dans la première catégorie doivent être établies en dehors de toute maison d'habitation et de tout atelier surmonté d'étages. N'est pas considérée comme un étage, au-dessus de l'emplacement d'une chaudière, une construction dans laquelle ne se fait aucun travail nécessitant la présence d'un personnel à poste fixe.

Art. 16. — Il est interdit de placer une chaudière de première catégorie à moins de trois mètres (3ᵐ) d'une maison d'habitation.

Mur de défense. Lorsqu'une chaudière de première catégorie est placée à moins de dix mètres (10ᵐ), d'une maison d'habitation, elle en est séparée par un mur de défense.

Ce mur, en bonne et solide maçonnerie, est construit de manière à défiler la maison par rapport à tout point de la chaudière distant de moins de dix mètres (10ᵐ), sans toutefois que sa hauteur dépasse de un mètre (1ᵐ) la partie la plus élevée de la chaudière. Son épaisseur est égale au tiers au moins de sa hauteur, sans que cette épaisseur puisse être inférieure à un mètre (1ᵐ) en couronne. Il est séparé du mur de la maison voisine par un intervalle libre de trente centimètres de largeur au moins.

2

L'établissement d'une chaudière de première catégorie à la distance de dix mètres (10^m) ou plus d'une maison d'habitation n'est assujetti à aucune condition particulière.

Les distances de trois mètres (3^m) et de dix mètres (10^m), fixées ci-dessus, sont réduites respectivement à un mètre cinquante centimètres ($1^m,50$) et à cinq mètres (5^m), lorsque la chaudière est enterrée de façon que la partie supérieure de la dite chaudière se trouve à un mètre (1^m) en contre-bas du sol, du côté de la maison voisine.

Art. 17. — Les chaudières comprises dans la deuxième catégorie peuvent être placées dans l'intérieur de tout atelier, pourvu que l'atelier ne fasse pas partie d'une maison d'habitation.

Les foyers sont séparés des murs des maisons voisines par un intervalle libre de un mètre (1^m) au moins.

Art. 18. — Les chaudières de troisième catégorie peuvent être établies dans un atelier quelconque, même lorsqu'il fait partie d'une maison d'habitation.

Les foyers sont séparés des murs des maisons voisines par un intervalle libre de cinquante centimètres ($0^m,50$) au moins.

Art. 19. — Les conditions d'emplacement prescrites pour les chaudières à demeure, par les précédents articles, ne sont pas applicables aux chaudières pour l'établissement desquelles il aura été satisfait au décret du 25 janvier 1865, antérieurement à la promulgation du présent règlement.

Art. 20. — Si, postérieurement à l'établissement d'une chaudière, un terrain contigu vient à être affecté à la construction d'une maison d'habitation, celui qui fait usage de la chaudière devra se conformer aux mesures prescrites par les articles 16, 17 et 18, comme si la maison eût été construite avant l'établissement de la chaudière.

Art. 21. — Indépendamment des mesures générales de sûreté prescrites au titre Ier et de la déclaration prévue par les articles 12 et 13, les chaudières à vapeur fonctionnant dans l'intérieur des mines sont soumises aux conditions que pourra prescrire le préfet, suivant les cas et sur le rapport de l'ingénieur des mines.

TITRE III

Chaudières locomobiles.

Art. 22. — Sont considérées comme locomobiles, les chaudières à vapeur qui peuvent être transportées facilement d'un lieu dans un autre, n'exigent aucune construction pour fonctionner sur un point donné et ne sont employées que d'une manière temporaire à chaque station.

Art. 23. — Les dispositions des articles 2 à 11 inclusivement du présent décret sont applicables aux chaudières locomobiles.

Art. 24. — Chaque chaudière porte une plaque sur laquelle sont gravés, en caractères très apparents, le nom et le domicile du propriétaire et un numéro d'ordre, si ce propriétaire possède plusieurs chaudières locomobiles.

Art. 25. — Elle est l'objet de la déclaration prescrite par les articles 12 et 13. Cette déclaration est adressée au préfet du département où est le domicile du propriétaire.

L'ouvrier chargé de la conduite devra représenter à toute réquisition le récépissé de cette déclaration.

TITRE IV

Chaudières des machines locomotives.

Art. 26. — Les machines à vapeur locomotives sont celles qui, sur terre, travaillent en même temps qu'elles se déplacent par leur propre force, telles que les machines des chemins de fer et des tramways, les machines routières, les rouleaux compresseurs, etc,

Art. 27. — Les dispositions des articles 2 à 8 inclusivement et celles des articles 11 et 24 sont applicables aux chaudières des machines locomotives.

Art. 28. — Les dispositions de l'article 25, § 1er, s'appliquent également à ces chaudières.

Art. 29. — La circulation des machines locomotives a lieu dans les conditions déterminées par des règlements spéciaux.

TITRE V

Récipients.

Récipients soumis au règlement. Art. 30. — Sont soumis aux dispositions suivantes les récipients de formes diverses, d'une capacité de plus de 100 litres, au moyen desquels les matières à élaborer sont chauffées, non directement à feu nu, mais par de la vapeur empruntée à un générateur distinct, lorsque leur communication avec l'atmosphère n'est point établie par des moyens excluant toute pression effective nettement appréciable.

Déclaration Art. 31. — Ces récipients sont assujettis à la déclaration prescrite par les articles 12 et 13.

Épreuve réglementaire Ils sont soumis à l'épreuve, conformément aux articles 2, 3, 4 et 5. Toutefois, la surcharge d'épreuve sera, dans tous les cas, égale à la moitié de la pression maximum à laquelle l'appareil doit fonctionner, sans que cette surcharge puisse excéder 4 kilogrammes par centimètre carré.

Soupape de sûreté. Art. 32. — Ces récipients sont munis d'une soupape de sûreté réglée pour la pression indiquée par le timbre, à moins que cette pression ne soit égale ou supérieure à celle fixée pour la chaudière alimentaire.

L'orifice de cette soupape, convenablement déchargée ou soulevée au besoin, doit suffire à maintenir, pour tous les cas, la vapeur dans le récipient à un degré de pression qui n'excède pas la limite du timbre.

Elle peut être placée, soit sur le récipient lui-même, soit sur le tuyau d'arrivée de la vapeur, entre le robinet et le récipient.

Art. 33. — Les dispositions des articles 30, 31 et 32 s'appliquent également aux réservoirs dans lesquels de l'eau à haute température est emmagasinée, pour fournir ensuite un dégagement de vapeur ou de chaleur, quel qu'en soit l'usage.

Art. 34. — Un délai de six mois, à partir de la promulgation du présent décret, est accordé pour l'exécution des quatre articles qui précèdent.

TITRE VI

Dispositions générales.

Dispenses.   Art. 35. — Le ministre peut, sur le rapport des ingénieurs des mines, l'avis du préfet et celui de la Commission centrale des machines à vapeur, accorder dispense de tout ou partie de prescriptions du présent décret, dans tous les cas où, à raison soit de la forme, soit de la faible dimension des appareils, soit de la position spéciale des pièces contenant de la vapeur, il serait reconnu que la dispense ne peut pas avoir d'inconvénient.

Obligation des visites intérieures.   Art. 36. — Ceux qui font usage de générateurs ou de récipients de vapeur veilleront à ce que ces appareils soient entretenus constamment en bon état de service.

A cet effet, ils tiendront la main à ce que des visites complètes, tant à l'intérieur qu'à l'extérieur, soient faites à des intervalles rapprochés pour constater l'état des appareils et assurer l'exécution, en temps utile, des réparations ou remplacements nécessaires.

Ils devront informer les ingénieurs des réparations notables faites aux chaudières et aux récipients, en vue de l'exécution des articles 3 (1°, 2° et 3°) et 31, § 2.

Art. 37. — Les contraventions au présent règlement sont constatées, poursuivies et réprimées conformément aux lois.

Accidents. Art. 38. — En cas d'accident ayant occasionné la mort ou des blessures, le chef de l'établissement doit prévenir immédiatement l'autorité chargée de la police locale et l'ingénieur des mines chargé de la surveillance. L'ingénieur se rend sur les lieux, dans le plus bref délai, pour visiter les appareils, en constater l'état et rechercher les causes de l'accident. Il rédige sur le tout :

1° Un rapport qu'il adresse au procureur de la République et dont une expédition est transmise à l'ingénieur en chef, qui fait parvenir son avis à ce magistrat.

2° Un rapport qui est adressé au préfet, par l'intermédiaire et avec l'avis de l'ingénieur en chef.

En cas d'accident n'ayant occasionné ni mort ni blessures, l'ingénieur des mines seul est prévenu, il rédige un rapport qu'il envoie, par l'intermédiaire et avec l'avis de l'ingénieur en chef, au préfet.

En cas d'explosion, les constructions ne doivent point être réparées et les fragments de l'appareil rompu ne doivent point être déplacés ou dénaturés avant la constatation de l'état des lieux par l'ingénieur.

Art. 39. — Par exception, le ministre pourra confier la surveillance des appareils à vapeur aux ingénieurs ordinaires et aux conducteurs des ponts et chaussées, sous les ordres de l'ingénieur en chef des mines de la circonscription.

Art 40. — Les appareils à vapeur qui dépendent des services spéciaux de l'État sont surveillés par les fonctionnaires et agents de ces services.

Art. 41. — Les attributions conférées aux préfets des départements par le présent décret sont exercées par le préfet de police dans toute l'étendue de son ressort.

Art. 42. — Est rapporté le décret du 25 janvier 1865.

Art. 43. — Le ministre des travaux publics est chargé de l'exécution du présent décret qui sera inséré au *Bulletin des lois*.

Fait à Paris, le 30 avril 1880.

JULES GRÉVY.

Par le Président de la République :

Le Ministre des Travaux Publics,

H. VARROY.

TABLE

DONNANT LA TEMPÉRATURE (EN DEGRÉS CENTIGRADES) DE L'EAU
CORRESPONDANT A UNE PRESSION DONNÉE (EN KILOGRAMMES).

VALEURS CORRESPONDANTES		VALEURS CORRESPONDANTES	
de la pression effective EN KILOGRAMMES	de la température EN DEGRÉS CENTIGRADES.	de la pression effective EN KILOGRAMMES	de la température EN DEGRÉS CENTIGRADES.
0.5	111	10.5	185
1.0	120	11.0	187
1.5	127	11.5	189
2.0	133	12.0	191
2.5	138	12.5	193
3.0	143	13.0	194
3.5	147	13.5	196
4.0	151	14.0	197
4.5	155	14.5	199
5.0	158	15.0	200
5.5	161	15.5	202
6.0	164	16.0	203
6.5	167	16.5	205
7.0	170	17.0	206
7.5	173	17.5	208
8.0	175	18.0	209
8.5	177	18.5	210
9.0	179	19.0	211
9.5	181	19.5	213
10.0	183	20.0	214

CIRCULAIRE MINISTÉRIELLE

Paris, le 21 juillet 1880.

MONSIEUR LE PRÉFET,

J'ai l'honneur de vous adresser une ampliation d'un décret, en date du 30 avril 1880, portant règlement d'administration publique sur l'emploi de la vapeur dans les appareils fonctionnant à terre, et du rapport que j'ai adressé au Président de la République lorsque j'ai soumis ce décret à sa signature. En vous référant à ce rapport, vous apprécierez immédiatement les différences qui existent entre le nouveau règlement et celui qu'il remplace, tant pour l'ensemble que pour les détails. Je me bornerai à revenir ici sur les différences les plus saillantes, en insistant plus spécialement sur la manière dont la nouvelle réglementation doit être appliquée.

L'épreuve d'une chaudière neuve continuera à se faire comme par le passé. Toutefois, le nouveau décret prescrit le renouvellement de l'épreuve, non seulement dans certaines circonstances précisées par le paragraphe 1er de l'article 3, mais encore, d'une façon générale, lorsque l'ingénieur des mines est fondé à suspecter la solidité de la chaudière.

Il n'est pas possible de définir d'une manière générale la réparation qui doit être suivie d'une épreuve; les ingénieurs devront apprécier chaque cas particulier. En cas de contestation, il sera statué conformément au paragraphe 7 de l'article 3.

Un chômage prolongé n'est pas non plus susceptible d'une définition rigoureuse ; il faut avoir égard aux circonstances dans lesquelles ce chômage a eu lieu. Il arrive souvent que les chaudières se détériorent autant, et parfois plus, en chômage qu'en activité ; car l'humidité à laquelle elles sont le plus souvent exposées est une cause énergique de corrosion.

Malgré le droit et le devoir de l'Administration de recourir au renouvellement de l'épreuve pour vérifier l'état des chaudières, on ne saurait user de ce moyen sans motifs sérieux. D'autre part, il ne suffit pas pour donner toute garantie : rien ne peut suppléer aux visites complètes qui consistent dans l'examen minutieux, à l'extérieur et à l'intérieur des tôles, de leurs assemblages, en un mot, de toutes les parties de l'appareil. Une chaudière qui travaille est nécessairement soumise à toute une série de détériorations, telles que oxydation extérieure et intérieure des tôles, cassure des tôles ou des rivures, soufflures, incrustations, etc. Tous ces défauts doivent être recherchés avec soin et réparés dès qu'ils deviennent importants. Déjà, lors de la préparation du décret de 1865, la Commission centrale des machines à vapeur se préoccupait de ces visites, qui seules permettent de constater les progrès de l'usure inévitable à laquelle est condamné tout générateur, même établi et employé dans les meilleures conditions. A cette époque, on avait hésité à inscrire dans un règlement une mention, qui restait une recommandation pure et simple du moment où les visites ne pouvaient être confiées au personnel technique de la surveillance administrative qui sera toujours numériquement insuffisant pour y procéder. Des circonstances nouvelles permettent d'entrer dans cette voie : depuis plusieurs années, des associations de propriétaires d'appareils à vapeur se sont formées sur divers points du territoire pour se procurer une surveillance efficace au point de vue de la sécurité et de l'économie ; il convient d'encourager cette tendance salutaire et d'appeler dans une certaine mesure les institutions de ce genre à prêter leur concours à l'Administration. Dès maintenant, il y a lieu de prendre acte du nouvel état de choses et d'en constater l'existence sous la forme d'une obligation de visites faites à la diligence des industriels, ainsi que d'une dispense d'épreuve toutes les fois que les résultats de cette inspection complète constitueront une présomption du bon état du générateur. Aussi l'article 36 en fait-il, non pas une simple recommandation, mais bien une obligation, et l'article 3 autorise à ne pas procéder au renouvellement de l'épreuve lorsque les résultats d'une pareille visite établiront d'une manière positive que l'appareil est en bon état. Les ingénieurs des mines doivent porter une attention particulière sur ce point et faire en sorte que la pratique de ces visites soit, partout, fidèlement suivie. Ils devront se renseigner sur les visites effectuées et se faire représenter les certificats qui auront dû être délivrés à la suite de chacune d'elles. Si ces visites ne sont pas faites assez fréquemment, ou si l'ingénieur a des motifs de croire qu'elles ne sont pas faites sérieusement et utilement, en un mot, si l'appareil ne paraît pas être soumis, par celui qui en fait usage, à une surveillance suffisante, l'ingénieur devra, si les conditions dans lesquelles fonctionne la chaudière laissent des doutes sur son bon état, user des pouvoirs que donne l'article 3 et provoquer sans hésitation le renouvellement de l'épreuve.

Dans le cas où, par suite de contestation de la part de l'intéressé, la question serait portée devant vous, vous pourrez au besoin me transmettre d'urgence le dossier de l'affaire, afin que je le communique à la Commission centrale des machines à vapeur.

Lorsqu'une association de propriétaires voudra faire profiter ses membres, dans votre département, des facilités prévues par le décret, elle devra vous en faire la demande ; vous consulterez les ingénieurs des mines et vous me transmettrez cette demande avec le rapport de ces fonctionnaires et votre avis personnel. Après avoir pris l'avis de la Commission centrale des machines à vapeur, je vous ferai connaître la suite dont cette affaire me paraît susceptible et les relations qui pourront s'établir, en conséquence, entre ces associations et l'Administration.

En principe, et sous réserve des cas spéciaux qui pourraient se présenter, il me paraît que le rôle principal, vis-à-vis de l'Administration, des associations qui seront agréées par elle, devra être de faire la preuve, par leurs certificats, que les visites intérieures et extérieures prescrites par l'article 36 sont bien et dûment faites, et, par suite, de conférer, le cas échéant, aux appareils ainsi surveillés, la dispense du renouvellement d'épreuve stipulée par l'article 3.

Les mêmes considérations s'appliquent à la mise à exécution immédiate de la règle prescrivant l'épreuve décennale. Un très grand nombre de chaudières doivent, dès aujourd'hui, être éprouvées de nouveau ; comme il n'est pas possible de tout entreprendre à la fois, il est juste de commencer par celles dont la dernière épreuve est la plus ancienne, mais il est en même temps prudent et non moins juste d'éprouver toutes les chaudières non visitées, avant celles munies de bons certificats de visites récentes, quand même la date de la dernière épreuve de celles-ci serait antérieure à celle des autres.

Il va de soi que la surveillance officieuse ainsi exercée ne dispense nullement les ingénieurs des mines d'exercer la surveillance officielle. Il convient d'ailleurs qu'ils se rendent compte par eux-mêmes de la façon dont fonctionnent ces associations, et sachent le degré de confiance que mérite leur intervention.

Dans les régions où se trouveraient des associations présentant toute garantie, l'attention des ingénieurs devra naturellement se porter de préférence sur les appareils non surveillés officieusement.

Pour faciliter les rapports qui doivent s'établir entre les associations et les ingénieurs des mines, j'ai l'intention de demander à celles qui réclameraient le bénéfice de l'article 3 du décret, d'adresser directement aux ingénieurs :

1° Chaque année, la liste générale des membres ;

2° Tous les mois, la liste des mutations ;

3° Tous les six mois, la liste des générateurs visités intérieurement et extérieurement, avec toute facilité pour les ingénieurs des mines de s'assurer de l'exactitude de ces documents, soit au siège des associations, soit auprès des industriels, qui devront, à toute demande des ingénieurs, représenter les procès-verbaux qui leur sont adressés à la suite de chaque visite.

Les visites d'appareils à vapeur existant en dehors des associations peuvent être faites par toute personne compétente, c'est-à-dire ayant les connaissances et l'expérience nécessaires.

Toutes les fois que ces visites ne seront pas faites par des agents d'une association agréée par l'Administration, lorsque notamment elles seront faites par les propres agents des propriétaires, les ingénieurs des mines devront se préoccuper de la valeur qui peut être attribuée aux certificats de visite.

S'il y a lieu, ils attireront sur ce point l'attention des intéressés et en tiendront tel compte qu'ils estimeront devoir le faire dans l'application, le cas échéant, des dispositions prévues par l'article 3.

Toute épreuve d'un appareil neuf ou tout renouvellement d'épreuve doit, outre l'inscription sur des registres tenus au bureau de l'ingénieur des mines, être constatée par un procès-verbal délivré par l'ingénieur à l'intéressé.

L'épreuve et le renouvellement de l'épreuve étant les seules mesures dont puisse disposer l'Administration pour vérifier la solidité des appareils, il importe que cette opération soit toujours faite avec la plus grande attention. Il faut s'assurer, non seulement que l'appareil reste étanche, mais encore, et s'il y a lieu par des mesures directes, qu'il ne subit aucune déformation permanente appréciable. Aussi, vous remarquerez que le paragraphe 3 de l'art. 4 du décret, veut que ce soit toujours sous la direction de l'ingénieur, et partant, sous sa responsabilité, que l'opération ait lieu.

Si j'ai beaucoup insisté, Monsieur le Préfet, sur l'article 3, c'est qu'il contient tout un ensemble de prescriptions par lequel la nouvelle réglementation diffère notablement de l'ancienne et dont l'importance pratique ne saurait vous échapper.

J'appelle encore votre attention sur le second paragraphe de l'article 5. Cette disposition, depuis longtemps adoptée dans le département de la Seine, permet de retrouver facilement la date de l'épreuve. L'inscription de la date exigera généralement, à chaque nouvelle épreuve, le remplacement du timbre. Cependant pour les chaudières éprouvées dans l'usine où elles sont employées, on pourra, au lieu de changer le timbre, frapper une empreinte du poinçon auprès de la date de la première épreuve, chaque marque correspond à une épreuve distincte dont on retrouvera la date sur le registre des procès-verbaux.

La soupape de sûreté doit être considérée, non comme un appareil automatique limitant au degré voulu la tension de la vapeur, mais comme un appareil indiquant matériellement que cette tension a atteint le maximum qui ne doit pas être dépassé et qui le serait, la plupart du temps, si la soupape n'était pas déchargée ou soulevée de manière à offrir à la vapeur un écoulement suffisant.

L'omission volontaire du dernier paragraphe de l'article 6 du décret de 1865 (devenu l'article 7 du nouveau règlement) signifie qu'un seul manomètre ne peut servir à plusieurs chaudières et que chacune d'elles doit avoir le sien, De plus, on a introduit la prescription, empruntée à la circulaire ministérielle du 7 décembre 1849, concernant l'ajutage au moyen duquel le manomètre étalon peut être appliqué à la chaudière.

Indépendamment des conditions de sûreté, depuis longtemps exigées, chaque chaudière devra désormais être protégée par des dispositions convenables contre les dangers que provoquerait la rupture, soit de la conduite d'amenée de l'eau (art. 8), soit de la conduite de prise de vapeur (art. 9).

J'ai pensé qu'il était inutile de reproduire l'article 7 du décret de 1865, exigeant un appareil d'alimentation; cette mesure est implicitement contenue dans l'obligation d'entretenir un niveau minimum. La hauteur du plan d'eau au-dessus des carneaux est réduite de $0^m,10$ à $0^m,06$, mais il doit être entendu que c'est une hauteur minimum, c'est-à-dire que, l'ébullition arrêtée, il doit toujours rester au moins 0ᵐ,06 d'eau au-dessus du niveau des carneaux.

Si l'article 8 du décret de 1865 n'est pas reproduit en entier à l'article 10 du décret de 1880, ce n'est pas que les deux derniers paragraphes de cet article 8 soient supprimés; le second est, au contraire, généralisé et constitue l'article 35, et, sous cette forme, il comprend le premier.

A propos de l'article 11, je me bornerai à mentionner la nécessité où l'on se trouve, pour les chaudières verticales de grande hauteur, de remplacer le tube en verre, indicateur du niveau d'eau, par un appareil disposé de façon à mettre ses indications à la portée de l'ouvrier qui doit le consulter.

La déclaration (art. 13) doit faire connaître, outre les renseignements fournis jusqu'ici, le numéro distinctif de la chaudière, si l'établissement en possède plusieurs. Il serait désirable que ce numéro fût inscrit sur la chaudière même, en caractères très apparents; les ingénieurs des mines doivent insister auprès des industriels pour obtenir partout ce résultat.

Aussitôt qu'une déclaration vous parvient, si elle donne toutes les indications exigées par l'article 13, vous devez, après inscription sur un registre spécial tenu à la préfecture, en donner acte immédiatement au déclarant et transmettre la déclaration à l'ingénieur en chef des mines. L'acte de déclaration sera accompagné d'un exemplaire du décret du 30 avril 1880; il contiendra la mention de cette adjonction. D'après une décision de M. le Ministre des finances, la déclaration est présentée sur papier libre et l'acte de déclaration, ou récépissé délivré par le préfet, est rédigé sur papier timbré.

Le changement de propriétaire constitue une modification dans les conditions déclarées. Le nom du nouveau propriétaire doit être l'objet d'une déclaration spécifiant, d'ailleurs, qu'il n'est rien changé aux autres termes de celle qui a été fournie précédemment. Toute chaudière qui en remplace une autre, même identique, doit être l'objet d'une déclaration complète.

Les chaudières autoclaves chauffées à feu nu, employées dans certaines industries, doivent être considérées comme de véritables chaudières ou générateurs de vapeur. Suivant les espèces, elles peuvent, par application de l'art. 35, être dispensées d'une partie des appareils de sûreté.

La règle employée jusqu'à présent pour le classement des chaudières, ne correspond pas au degré de danger qu'elles présentent en cas d'explosion. On a dû la remplacer par une autre, basée sur la quantité de chaleur dangereuse accumulée dans la chaudière ; c'est l'excédent de la chaleur totale sur celle qui serait contenue dans l'eau à 100°, excédent qui constitue, pour ainsi dire, la mesure du danger. Les limites entre les catégories ne sont plus les mêmes ; celles qui sont proposées donnent une plus grande latitude en élargissant le cadre moyen des catégories inférieures.

La quantité de chaleur dangereuse est égale à $V(t - 100)$, en supposant la chaudière d'un volume V entièrement remplie d'eau ; c'est un maximum qui ne sera jamais atteint ; comme il en est ainsi pour toutes les chaudières, les produits obtenus peuvent être considérés comme comparables ; t est la température de l'eau en degrés centigrades.

La température de la vapeur n'est pas connue directement, mais elle est donnée par sa relation avec la pression maximum indiquée par le timbre. Les travaux de Dulong et Arago, repris avec des procédés encore plus rigoureux par Regnault, ont fait connaître cette relation entre 0° et 230° ou jusqu'à 27 atmosphères 534. Ces savants ont construit des formules représentant la relation entre la température et la pression, telles que leurs expériences l'ont fait connaître. Une table de Regnault donne la tension en atmosphères absolues pour chaque degré de température ; on s'en est servi pour former une table des températures correspondant aux pressions effectives pour chaque demi-kilogramme de 0 à 20 kilogrammes. C'est la table annexée au décret.

En ce qui concerne les chaudières de la première catégorie, deux modifications ont été apportées au règlement de 1865. Le mur spécial, qui doit séparer le local contenant la chaudière et les ateliers contigus, n'est plus exigé ; le mur de défense est obligatoire au contraire, alors même que l'axe du générateur ne rencontrera pas le mur de la maison voisine sous un certain angle, les fragments de la chaudière pouvant être lancés dans toutes les directions.

Les distances de 3 et 10 mètres, mentionnées dans les conditions d'emplacement des chaudières de la première catégorie, seront comptées à partir de la chaudière, quand même elle serait enveloppée d'un fourneau en maçonnerie. D'ailleurs, comme il n'est plus demandé de séparation entre le massif de la chaudière et le mur de défense, celui-ci pourra faire partie du massif du fourneau.

L'intervalle libre de 0^m30, qui doit exister entre le mur de défense et le mur de la maison voisine, n'est exigé que pour les parties de ce dernier qui sont hors du sol. Au-dessous du niveau du sol, l'intervalle restera rempli par le terrain naturel.

Enfin, suivant les espèces, il pourra être fait application de l'article 35.

L'article 19 explique que les chaudières établies dans les conditions du décret de 1865, antérieurement à 1880, ne seront pas soumises rétroactivement aux conditions nouvelles d'emplacement ; il en résultera que, dans le cas d'érection d'une construction voisine, prévu par l'article 20, les mesures prescrites par les articles 16, 17 et 18 ne seront pas exigées, si la chaudière satisfait aux conditions fixées par le décret du 25 janvier 1865, sans excepter celles qui se rapportaient au cas éventuel d'une pareille érection.

L'article 19 du décret de 1865, n'a pas été conservé. Aucune disposition n'est édictée au sujet de la production de la fumée ; les contestations auxquelles elle pourrait donner lieu restent exclusivement dans le droit commun, sans que la responsabilité des auteurs en soit aucunement diminuée.

Les chaudières locomobiles (Titre III) et les chaudières des machines locomotives (Titre IV) continuent à être l'objet des prescriptions anciennement édictées ; elles sont, en outre, soumises aux règles ci-dessus concernant les renouvellements d'épreuves et les visites intérieures et extérieures.

Toutefois, la tolérance d'un seul tube indicateur du niveau de l'eau n'a pas été maintenue pour les chaudières locomobiles.

L'article 24 du décret de 1865 a été supprimé en entier, le premier paragraphe ne recevant jamais d'application et le second étant inutile.

L'article 25, paragraphe 2, stipule que chaque locomobile doit toujours être accompagnée du titre prouvant qu'elle a été réglementairement déclarée.

Les récipients qui font l'objet du titre V comprennent, ainsi que l'explique le rapport au Président de la République, les cylindres sécheurs, chaudières à double fond et appareils divers, les machines locomotives sans foyer, et les autres réservoirs dans lesquels est emmagasinée de l'eau à haute température pour dégager de la vapeur ou de la chaleur. Les calorifères dans lesquels l'eau atteint une température supérieure à 100° sont compris dans ces derniers réservoirs. Les cylindres des machines à vapeur ainsi que leurs enveloppes de vapeur et les serpentins ne sont pas considérés comme récipients.

Afin de simplifier la rédaction, l'article 31, concernant la déclaration à produire pour les récipients, renvoie à l'article 13, qui fixe la forme de la déclaration pour les chaudières ; il est sous-entendu qu'il n'y aura pas de surface de chauffe à mentionner.

Dans les deux cas prévus par l'article 38, vous voudrez bien, Monsieur le Préfet, me transmettre sans retard, les dossiers qui vous seront adressés par les ingénieurs pour que je les communique, suivant l'usage, à la Commission centrale des machines à vapeur.

Il me reste, Monsieur le Préfet, une dernière observation à vous présenter.

Vous aurez sans doute remarqué que, de l'ensemble du décret, et plus spécialement de l'article 39, il résulte que la surveillance des appareils à vapeur doit être désormais exclusivement confiée, en principe, au service des mines. Jusqu'ici, dans un certain nombre de départements où il n'y avait pas d'ingénieurs des mines en résidence fixe, cette surveillance faisait partie des attributions des ingénieurs des ponts et chaussées.

Aujourd'hui, avec la facilité des communications, qui permet aux agents de se déplacer aisément à d'assez grandes distances relatives, il est possible et il convient de donner à la surveillance plus d'unité en la confiant à un seul et même corps. Les ingénieurs en chef des mines seront donc désormais exclusivement chefs de service et, au reçu de la présente circulaire, les ingénieurs en chef des ponts et chaussées qui étaient jusqu'ici chargés de ce service devront en faire la remise à l'ingénieur en chef des mines de l'arrondissement minéralogique dans lequel se trouve compris leur département.

Dans quelques départements qui seraient trop éloignés des résidences des ingénieurs ordinaires des mines, les ingénieurs en chef des mines pourront, pour ce service spécial, avoir sous leurs ordres, les ingénieurs ordinaires des ponts et chaussées, ainsi que cela a lieu dans le contrôle des chemins de fer. En attendant que le service soit réorganisé partout dans cet ordre d'idées, les ingénieurs ordinaires des ponts et chaussées, présentement chargés des appareils à vapeur, continueront à s'en occuper provisoirement ; seulement, ils ne pourront désormais recevoir ou réclamer des instructions que par l'intermédiaire de l'ingénieur en chef des mines dans l'arrondissement minéralogique duquel ils se trouvent.

Vous voudrez bien, d'ailleurs, s'il y a lieu pour votre département, vous mettre en relation avec ce chef de service, qui, après avoir pris connaissance de la façon dont le service fonctionne actuellement dans chacun des départements de son arrondissement minéralogique, vous soumettra ses propositions motivées pour le réorganiser dans le sens des observations précédentes ; vous me les transmettrez avec votre avis personnel ;

Toutes les infractions au règlement peuvent devenir l'objet de poursuites judiciaires, soit par application de la loi du 21 juillet 1856, soit par application de l'article 471 du Code pénal. On a souvent négligé ce dernier moyen par ce motif qu'il n'entraîne qu'une amende légère; il ne faut pas oublier cependant qu'il est toujours pénible d'avoir à répondre d'une contravention et que la récidive entraîne une peine très sérieuse.

Les contraventions qui donnent lieu à des accidents de personnes, doivent être rigoureusement signalées à l'autorité judiciaire en réclamant l'application de l'article 20 de la loi du 21 juillet 1856. Il en est de même des imprudences ou des négligences qui ne constituent pas une contravention au règlement, mais qui, en cas d'accident, tombent sous l'application des articles 319 et 320 du Code pénal.

Tout en revenant sur quelques conditions abandonnées en 1865, le règlement laisse aux industriels une grande liberté; il importe donc qu'ils soient pénétrés de la responsabilité qui résulte de cette situation. Il ne leur suffit pas d'éviter les contraventions, car ils demeurent responsables des accidents que peuvent causer leurs appareils, aussi bien par suite d'un mauvais état d'entretien et d'un mauvais emploi, que par suite des dispositions vicieuses qu'ils pourraient présenter dans leur établissement, quoique ces dispositions n'aient pas été visées explicitement par le décret.

Telles sont, Monsieur le Préfet, les explications qu'il m'a paru utile de vous transmettre au sujet de la nouvelle réglementation des appareils à vapeur; je compte sur votre concours et sur le zèle des ingénieurs pour arriver, par une application exacte de ces mesures, à réduire le nombre des accidents. C'est le but de nos communs efforts.

Je vous prie, Monsieur le Préfet, de m'accuser réception de la présente circulaire, que j'adresse directement à MM. les Ingénieurs des mines et à MM. les Ingénieurs des ponts et chaussées.

Recevez, Monsieur le Préfet, l'assurance de ma considération la plus distinguée.

Le Ministre des Travaux publics,
H. VARROY.

DÉCRET DU 29 JUIN 1886

RELATIF A L'EMPLOI DE PLUSIEURS GÉNÉRATEURS GROUPÉS SUR UNE CONDUITE GÉNÉRALE DE VAPEUR.

Art. 1er. — Lorsque plusieurs générateurs de vapeur, placés à demeure, sont groupés sur une conduite générale de vapeur, en nombre tel que le produit, formé comme il est dit à l'article 14 du décret du 30 avril 1880, en prenant comme base du calcul le timbre réglementaire le plus élevé, dépasse le nombre de 1800, lesdits générateurs sont répartis par séries correspondant chacune à un produit au plus égal à ce nombre : chaque série est munie d'un clapet automatique d'arrêt, disposé de façon à éviter, en cas d'explosion, le déversement de la vapeur des séries restées intactes.

Art. 2. — Lorsqu'un générateur de première catégorie est chauffé par des flammes perdues d'un ou plusieurs fours métallurgiques, tout le courant des gaz chauds doit, en arrivant au contact des tôles, être dirigé tangentiellement aux parois de la chaudière.

A cet effet, si les rampants destinés à amener les flammes ne sont pas construits de façon à assurer ce résultat, les tôles exposées aux coups de feu sont protégées, en face des débouchés des rampants dans les carneaux, par des murettes en matériaux réfractaires, distantes des tôles d'au moins 50 millimètres, et suffisamment étendues dans tous les sens pour que les courants de gaz chauds prennent les directions sensiblement tangentielles aux surfaces des tôles voisines, avant de les toucher.

Art. 3. — Les dispositions de l'article 35 du décret du 30 avril 1880 sont applicables aux prescriptions du présent règlement.

Art. 4. — Un délai de six mois est accordé aux propriétaires des chaudières, existant antérieurement à la promulgation du présent règlement, pour se conformer aux prescriptions ci-dessus.

CIRCULAIRE MINISTÉRIELLE

CONCERNANT L'EXÉCUTION DES ÉPREUVES RÉGLEMENTAIRES

Paris, le 23 Août 1887.

Monsieur le Préfet,

L'attention de l'Administration a été appelée sur l'application pratique des articles 3 et 4 du décret du 30 avril 1880, au triple point de vue :

1° Des difficultés qu'opposent quelques industriels pour mettre à nu les différentes parties des générateurs soumis à l'épreuve réglementaire ;

2° Des cas où le service des mines peut user de tolérance ;

3° Enfin, des relations à établir, en matière d'épreuves, avec les agents des Associations de propriétaires d'appareils à vapeur.

Le texte réglementaire est formel : quand il y a lieu à épreuve, toutes les parties de la chaudière doivent pouvoir être visitées ; l'épreuve décennale doit toujours être opérée. Il convient donc, d'une façon générale, d'exiger à cette occasion l'enlèvement des enveloppes et la démolition des maçonneries :

1° Dans la pratique, divers industriels se contentent de débloquer partiellement les carneaux et demandent aux agents du service des mines de se glisser dans ces carneaux, s'ils désirent visiter les tôles qui y sont à découvert.

Cette manière de procéder, qui rendrait les épreuves fort longues et fort pénibles, a, de plus, l'inconvénient de laisser la visite incomplète. Elle ne répond pas aux prescriptions réglementaires qui exigent la possibilité de voir toutes les parties de l'appareil. On ne peut donc l'accepter, dans certains cas particuliers, qu'à titre de tolérance et quand les carneaux, très larges et ouverts de place en place, laissent réellement voir toutes les parties de la chaudière, sans qu'on soit forcé de s'y glisser dans une situation rendant impossible tout examen approfondi.

2° L'épreuve est exigible après réparation notable ou chômage prolongé ; mais elle peut être remplacée par des renseignements authentiques constituant une présomption suffisante en faveur du bon état de la chaudière. Les certificats délivrés par les associations de propriétaires d'appareils à vapeur autorisées peuvent être considérés comme renseignements probants.

L'usage s'est introduit, dans certains arrondissements minéralogiques, de considérer, sur la demande des intéressés, comme renseignement probant une épreuve hydraulique faite par le service des mines, sans exiger l'enlèvement total des enveloppes ou la démolition complète des maçonneries ; dans ce cas, cette épreuve ne compte pas dans le calcul de la date de la prochaine épreuve décennale.

Cette interprétation du règlement ne paraît donner prise à aucune critique fondée et permet aux industriels de choisir convenablement la date à laquelle ils peuvent, sans grave inconvénient, découvrir leurs générateurs pour l'épreuve décennale.

3° Les relations du service des mines avec les agents des associations de propriétaires d'appareils à vapeur autorisées donnent également lieu à diverses observations. Les termes du paragraphe 5 de l'article 3 précité permettent de considérer les certificats délivrés par ces associations comme renseignements probants, constituant une présomption suffisante en faveur du bon état de la chaudière et pouvant, à l'occasion, permettre de dispenser les industriels d'une épreuve autre que l'épreuve décennale.

Plusieurs associations délèguent un de leurs agents pour assister à l'épreuve réglementaire, avec mission de parcourir les carneaux et d'éviter, autant que possible, une démolition complète de la maçonnerie, même en cas d'épreuve décennale. En outre, cet agent passe une visite intérieure après l'épreuve, et cette visite fait l'objet d'un certificat spécial.

Cette manière de procéder, d'ailleurs toujours facultative et acceptée à titre de tolérance spéciale à chaque cas, n'a rien de contraire à l'esprit du règlement et paraît atteindre, en général, le but que se propose l'Administration de sauvegarder efficacement la sûreté publique.

On ne saurait même trop recommander aux industriels de ne pas se fier exclusivement aux résultats de l'épreuve hydraulique et de la visite extérieure qui l'accompagne : la visite intérieure des généra-teurs, d'ailleurs exigée par l'article 36 du décret du 30 avril 1880, à des intervalles suffisamment rapprochés, permet parfois de cons-tater des avaries dangereuses qui n'ont pas été révélées lors de l'épreuve hydraulique et qui, cependant, nécessitent la réparation ou le remplacement des appareils.

Je vous prie de m'accuser réception de la présente circulaire, dont j'adresse un exemplaire à MM. les Ingénieurs chargés de la surveillance des appareils à vapeur.

Recevez, Monsieur le Préfet, l'assurance de ma considération la plus distinguée.

Le Ministre des travaux publics,
S. DE HEREDIA.

INSTRUCTIONS

SUR LES

MESURES DE PRÉCAUTIONS HABITUELLES A OBSERVER DANS L'EMPLOI DES CHAUDIÈRES A VAPEUR.

Observations générales.

1° Le local des générateurs, les chaudières et tous les appareils qui en font partie doivent toujours être tenus en parfait état de propreté.

2° L'entrée du local des chaudières et de la chambre des machines, est interdite à toute personne étrangère au service des appareils à vapeur. Le chauffeur ne doit jamais quitter son poste sans se faire remplacer.

3° Si une avarie quelconque se produit aux chaudières ou aux autres appareils, le chauffeur en informera immédiatement le propriétaire ou le directeur de l'usine.

Conduite du feu.

4° Le chauffeur, dès son arrivée, le matin ou après chaque arrêt partiel dans la journée, vérifiera la pression de la vapeur, la hauteur de l'eau dans la chaudière, et si ses appareils de niveaux fonctionnent bien. Si le niveau est bon, il allumera ou, si les feux ont été couverts la veille, il ouvrira le registre en grand, puis la porte du cendrier et, quelques instants après, la porte du chargement.

Il décrassera ensuite, s'il y a lieu, et fera progressivement l'allumage.

5° L'allumage étant fait, le chauffeur poussera ses feux suivant la pression qu'il a constatée à son arrivée, et, suivant les besoins de vapeur pour la purge des cylindres de machines et le chauffage des ateliers, de manière à se trouver à une pression convenable pour la mise en train, cinq minutes avant l'heure de la mise en route.

A partir de ce moment, le chauffeur chargera tous les cinq à dix minutes au moins, par petites quantités, en couvrant également toutes les parties de la grille. Il cassera la houille en morceaux de la grosseur du poing et ne laissera jamais, dans les foyers ordinaires, la couche de combustible dépasser une épaisseur de 0^m12, si c'est de la houille.

Chaque fois qu'il ouvrira la porte du foyer pour charger ou pour dégroacher, il fermera en partie le registre de la chaudière.

6° Quand le dessous de la grille cessera d'être clair, il la décrassera par moitié en reportant successivement le bon combustible de chaque côté, ou si l'autel a été construit avec un plan incliné, il poussera ses feux à l'arrière sur ce plan incliné.

Pour décrasser il fermera presque complètement le registre et profitera d'un moment où la pression peut descendre dans la chaudière sans inconvénient.

7° Le chauffeur maintiendra la pression nécessaire en ouvrant le registre aussi peu que possible.

Si la pression dépasse celle indiquée par le timbre, il alimentera en baissant le registre, couvrira au besoin ses feux avec du charbon mouillé et n'ouvrira les portes du foyer qu'exceptionnellement.

8° Une demi-heure avant l'arrêt, le feu sera ralenti ; au moment de l'arrêt, le chauffeur couvrira la grille, fermera le registre, la porte du foyer, puis celle du cendrier.

Des appareils de sûreté.

9° *L'indicateur de niveau à tube de verre* doit être placé en un point bien visible, bien éclairé et doit *toujours* très bien fonctionner. Le chauffeur le purgera et le nettoiera au moins une fois par jour, surtout si les eaux sont sales. Si le tube vient à casser, il doit être remplacé immédiatement.

10° *Les appareils de niveau* tels que *appareils magnétiques, Roynette, appareils Bourdon, flotteurs à balancier, etc., les sifflets d'alarme, les robinets de jauge,* doivent toujours fonctionner, ce dont le chauffeur s'assurera au moins une fois par jour.

11° *Les soupapes de sûreté* ne doivent être calées ni surchargées sous aucun prétexte.

Si les soupapes perdent, elles doivent être rodées au premier arrêt.

12° *Le manomètre*, comme le tube de niveau, doit être placé en un point de la chambre de chauffe bien visible et toujours bien éclairé.

Alimentation.

13° Les appareils d'alimentation doivent toujours bien fonctionner. Si les chaudières sont munies de plusieurs de ces appareils, ce qui est désirable, le chauffeur en fera alternativement usage pour s'assurer de leur état.

14° Le chauffeur ne laissera jamais tomber le niveau de l'eau dans la chaudière au-dessous du trait réglementaire tracé sur la devanture.

Avant l'arrêt, il fera monter le niveau à une dizaine de centimètres au-dessus de cette ligne, pour n'avoir pas à alimenter le lendemain avant l'allumage.

15° Si, par suite d'une cause quelconque, le niveau vient à baisser au point que l'eau ne soit plus visible dans le tube de verre, le chauffeur jettera bas les feux, ouvrira en grand le registre et les portes du foyer et, après un quart d'heure seulement, il alimentera jusqu'à ce qu'il ait ramené l'eau au niveau normal.

Ce fait ne se présentera pas, si tous les appareils de niveau et les sifflets d'alarme sont tenus en bon état et l'alimentation bien conduite.

Nettoyage.

16° Pour les usines qui ont des chaudières de rechange, la vidange ne doit se faire que 24 heures au plus tôt après l'arrêt, et lorsque la pression est complètement tombée. Il faut toujours éviter les changements brusques de température. Avant d'ouvrir la chaudière ou les bouilleurs, le chauffeur lèvera les soupapes.

17° Les chaudières et les réchauffeurs, s'il y en a, seront arrêtés pendant un temps assez long pour que l'accès de toutes les parties soit possible et que les nettoyages intérieurs et extérieurs puissent être faits convenablement.

Si l'accès ou le nettoyage de certaines parties n'est pas possible, le chauffeur en préviendra le chef de l'établissement.

Les tôles et toutes les parties métalliques seront raclées et brossées extérieurement avec le plus grand soin.

18° Les carneaux seront complètement débarrassés des cendres et des suies.

19° Le nettoyage intérieur sera fait assez fréquemment pour que les dépôts ne soient pas adhérents. Si cependant un piquage était nécessaire, on emploiera des outils à tranchants arrondis et sans angles vifs, en ménageant surtout les joints.

20° Le chauffeur chargé de surveiller le nettoyage de la chaudière, dont il a la responsabilité, s'attachera particulièrement aux points suivants :

A. Il démontera à chaque nettoyage, la partie du tuyau d'alimentation qui se trouve dans le générateur, et le débarrassera complètement des incrustations qu'il renferme presque toujours.

B. Il examinera s'il n'existe pas des fuites aux différentes clouures tant de la chaudière que des réchauffeurs.

C. Il sondera avec soin au marteau toutes les tôles et principalement celles du coup de feu, celles qui avoisinent l'entrée de l'alimentation, qui se corrodent souvent assez rapidement, et les parties des tôles autour des joints placés sur la partie supérieure du générateur.

D. Il vérifiera si tous les sommiers et supports de la chaudière portent bien ; sinon, il les calera entre le massif et la base du support.

E. Il vérifiera si les niveaux à flotteur fonctionnent bien, si les tiges sont bien droites et bien réglées comme longueur ; l'eau étant à son niveau légal, c'est-à-dire six centimètres au-dessus du point le plus haut du carneau, l'aiguille doit se trouver au zéro de l'échelle ou le levier être horizontal pour les niveaux à bascule.

F. Il s'assurera si les tuyaux qui relient le niveau à tube et le manomètre à la chaudière ne sont pas bouchés, et si l'aiguille du manomètre est au zéro.

G. Enfin, il examinera avec soin les soupapes et les rodera s'il est nécessaire.

21° Les tubes des chaudières tubulaires ou semi-tubulaires, devront être désincrustés au moins une fois par mois.

Remarques diverses.

22° Les robinets d'eau ou de vapeur seront toujours ouverts ou fermés très lentement pour éviter de faire sauter les joints.

23° La partie supérieure du massif des chaudières doit être protégée avec le plus grand soin contre l'humidité.

S'il se produit en marche, à la tuyauterie, des fuites qui ne peuvent être réparées immédiatement, le chauffeur placera en dessous un vase destiné à recevoir l'eau qui en coule.

24° Dans les établissements à marche continue, le chauffeur qui reprend le service doit s'assurer que tous les appareils sont en bon état de fonctionnement.

M

est chargé de veiller à l'exécution de la loi sur les appareils à vapeur, et des présentes instructions dans l'usine, et, dans le cas où les chauffeurs et les conducteurs ne sauraient pas lire, il est tenu, à leur entrée dans l'établissement, de leur donner lecture de la loi entière et des présentes instructions.

Le   *189* .

TABLE DES MATIÈRES.

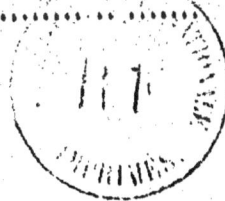

Lille Imp. L. Danel.

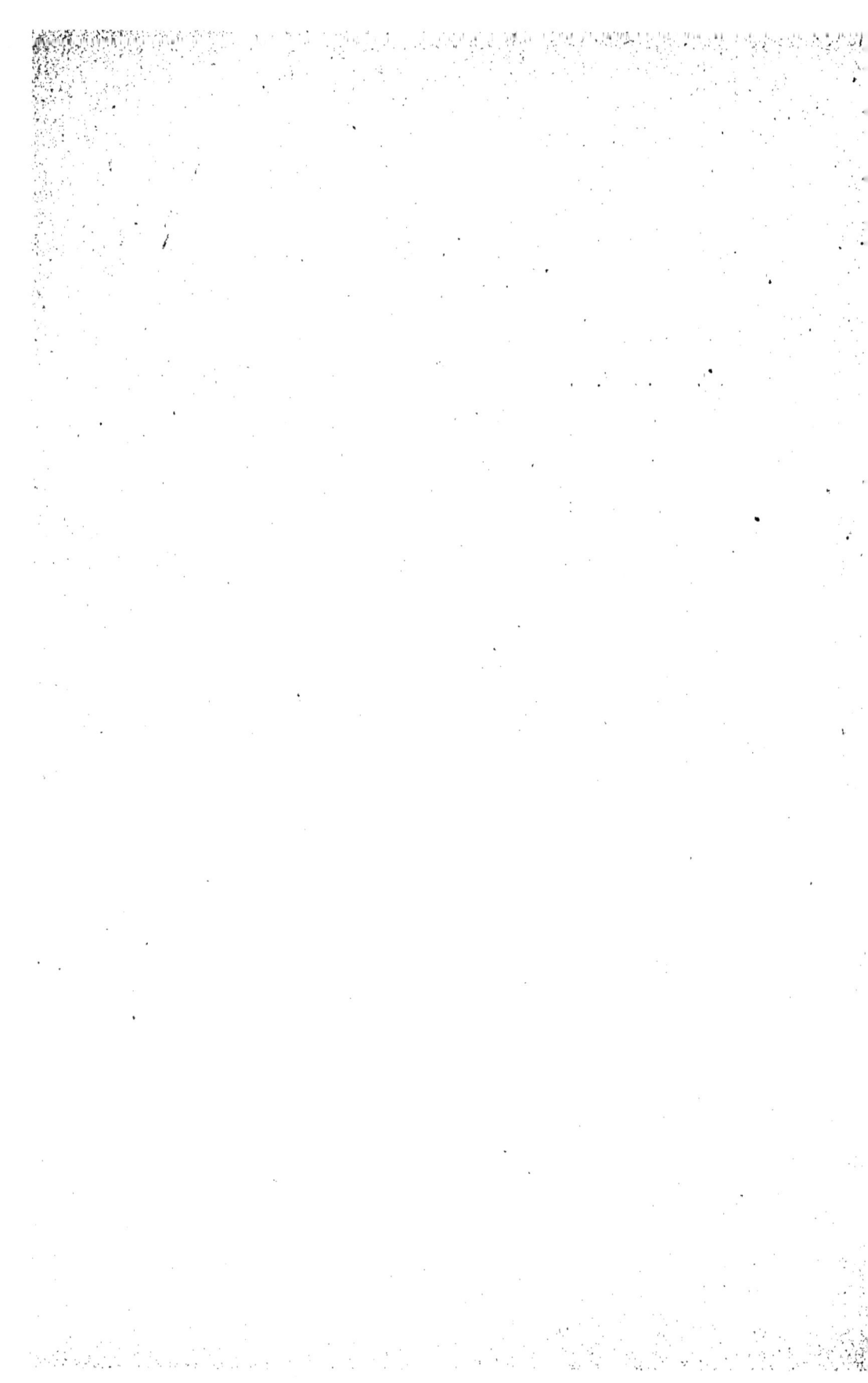

www.ingramcontent.com/pod-product-compliance
Lightning Source LLC
Chambersburg PA
CBHW030933220326
41521CB00039B/2234